Manual Básico Game Maker Studio
Módulo 2

Livros desta coleção:

Manual Game Maker Studio – Módulo I

Manual Game Maker Studio – Módulo I

Para Breve

Manual Game Maker Studio - Módiulo III

Manual Game Maker Studio - Módiulo IV

Manual Básico Game Maker Studio
Módulo 2

Gomes Lancha

Edições Delfin

Distribuidora: Delfin
2014

Primeira Impressão: 2014

ISBN 978-1-291-85177-9

https://www.facebook.com/livrariaDelfin

Informações para pedidos:
Descontos especiais estão disponíveis em compras de quantidade por corporações, associações, educadores e outros. Para mais detalhes, entre em contato com a distribuidora, no endereço abaixo listados.
http://www.lulu.com/spotlight/carlosgomes
ou:
http://gomeslancha.bubok.pt
ou
Enviar e-mail gomeslancha@gmail.com

Facebook: https://www.facebook.com/livrariaDelfin

Dedicatória

Gostava de dedicar este livro, a todos aqueles que me incentivaram para o fazer, à paciência da minha familia e a todos aqueles que me ainda irão ajudar a escrever os outros livros da colecção.
Desde já os meus mais sinceros agradecimentos a todos.

Conteúdo

Prefácio 3

Introdução... 5

Lição 1: Sprites animados...................................... 7

Lição 2: Movimentação e Tiles 13

Lição 3: Inimigos e Camaras 21

Lição 4: Alarmes.. 31

Lição 5: Sons e efeitos visuais............................. 39

Conclusão 41

Notas 42

Referencias 49

Glossário 51

Prefácio

Este livro faz parte dum conjunto ou coleção de manuais do "Game Maker Studio" que resolvi criar, uma vez que não encontrei nada escrito que nos pudesse ajudar.

Por isso fiz algumas pesquisas, verifiquei alguns dados, relembrei outros e achei por bem, escrever estes manuais.

O segundo que é este é como construir um jogo tipo "Top Drawn", um jogo antigo, mas que podemos sempre tornar mais apelativo com novas ideias e novos gráficos.

Estou certo de que vão gostar e sobre tudo se vão divertir imenso a construir os vossos próprios jogos.

O Grau de dificuldade vai aumentando conforme vão saindo os respetivos Manuais.

Qualquer erro ou omissão que encontre, agradecia que me comunicasse para o mesmo ser corrigido, assim como ideias, sugestões, etc. que tenham.

As imagens de Apoio para os jogos apresentados, bem como para outros, pode encontrar em https://www.facebook.com/livrariaDelfin.

Introdução

Como Fazer para adquirir o Jogo:

Este "Game Maker Studio" é o gratuito, por isso trás algumas limitações como por exemplo, só podermos fazer o jogo com 2 níveis diferentes, mas já dá para perceber como se faz um jogo, se adquirir a versão paga, então, já poderá ir aumentando as opções de jogabilidade.

Eu aconselho esta versão, porquê? Bem se realmente conseguir fazer o jogo funcionar e fazer com que ele seja atrativo, avança para a segunda fase, senão, parte para outra.

Para ter mais aconselhamentos, apoios, puder trabalhar com grupos de pessoas se gostar, poder vender seu jogo mais tarde, poder trabalhar com equipas para criação de jogos etc., eu aconselho criar uma "steam" em:

http://www. http://www.steampowered.com.

Pois será mais fácil de fazer os upgrades, conhecer outros jogos e uma infinidade de coisas uteis, que com o tempo vai me dar razão.

Todo o manual está escrito numa linguagem simples, como se estivesse a executar passo a passo, e há medida que vamos avançando eu vou deixando de ir tanto ao pormenor para que possam explorar melhor a plataforma de criação de jogos.

O Objetivo é aprender fazendo. Compreender a plataforma em vez de decorar as instruções, porque senão, não vão conseguir desenvolver por si mesmo nenhum jogo, pois tem que estruturar bem o jogo e desenvolver o mesmo.

Lição 1: Sprites animados

O que é um Sprite animado?

É um conjunto de desenhos, que juntos, faz com que um objeto apareça como se tivesse vida, isto é, apareça se movimentando como abrir e fechar a boca, correr, etc.

Vamos abrir o nosso GM e criar uma pasta e um ficheiro com o mesmo nome "modulo2"

Começamos por criar um novo sprite:"spr_heroi_direita", clicamos em "creat Sprite", e de seguida, vamos à opção "new" e depois à opção "Edit Sprite".

Porquê? Se nós carregarmos na opção de cima "load Sprite", nós vamos buscar uma única imagem já concluída. No nosso caso, o que queremos é dividir uma imagem já criada em 8 imagens e juntar como se fosse uma única imagem para dar a ilusão de imagem animada. Também podemos carregar uma imagem de cada vez, isto é separadamente como vamos ver mais à frente.

Na tela que vai aparecer, vamos a "File" e a "creat form strip …" e vamos baixar o arquivo "sprites/Maze – Platform/explorer_right_stripe8.png".

Vai aparecer um conjunto de imagens, gravadas num único ficheiro, que em conjunto nos vai dar a sensação do movimento que pretendemos dar à personagem "herói".

Como vão ver mais à frente, sempre que clicarmos com o botão para a direita a personagem vai se deslocar nesse sentido, dando a ideia que está a caminhar.

Como ilustra a imagem à direita, aparece um quadro. Nós agora temos que dar as instruções que pretendemos.

Ou seja, vamos dividir esta imagem em oito, para que o GM possa animar o nosso herói.

Em "number of images" vamos dar o número de imagens que pretendemos, neste caso 8. Que é o número de bonecos que a imagens tem.

Depois temos que dizer quantas imagens tem por linha em "images per row", neste caso tem 8.

Em "images wigth" vamos indicar a largura das imagens, neste caso mantem-se os 32 e em "images higth" vamos indicar a altura que também se mantem nos 32 pixeis.

Clicamos em Ok, e seccionamos a opção "show preview".

Como podemos ver, a nossa imagem aparece já separada em 8 imagens, e se tivermos selecionado o "show Preciew", vamos ver o nosso boneco a correr como se "acabasse hoje o mundo", pois as imagens correm a 30 quadros por segundo, mas mais à frente vou mostrar como fazer com que ele ande mais devagar, contudo, podemos ver diferentes velocidades, modificando o valor de "speed" em baixo, aumentando ou reduzindo o valor. Contudo esta instrução, serve unicamente para analisarmos a velocidade e seu comportamento, não tendo interferência com o objeto no jogo.

Como podemos observar, o GM dividiu em 8 bonecos perfeitamente iguais, ou seja, quando estivermos a fazer a nossa imagem com as respetivas subimagens, o "benco tem que ter as mesmas dimensões, encontrar-se na mesma posição, etc, só varia o que nós realmente queremos que mexa, caso contrário, as imagens vão aparecer a tremer e sem qualquer reconhecimento.

Como podem observar, a altura do boneco mantem assim como a largura, etc. O que altera é as mãos e as pernas, e as subimagens estão devidamente centradas para que ao sobrepor as imagens elas apareçam no mesmo sítio, unicamente com as mãos e os pés alterados, pois é esse o movimento pretendido.

Vamos criar o nosso "obj_heroi", e o sprite vai ser o que nós criamos.

Vamos criar uma Sala "teste", e colocar o nosso herói na sala, gravamos e vamos testar.

Pomos o jogo a correr e vemos o nosso homem a correr sem sair do sítio.

Carregamos as outras posições do nosso herói, "spr_herói_esquerda", "spr_herói_cima" e "spr_herói_baixo", repetindo todos os paços de "spr_herói_direita" incluindo o adicionar no "obj_heroi".

Está na hora de darmos ação ao nosso herói para ele se mexer na nossa sala.

Abrimos o "obj_heroi", e vamos dar-lhe um evento.

O GM, permite fazer com o um objeto altere a sua animação e que pare a mesma, ao clicarmos numa tecla ou quando lhe damos informação para tal.

Vamos trocar o nosso "spr" pelo "spr_esquerda", pois assim definimos uma forma de trabalho sistemática para nós, começando sempre do lado esquerdo, mas próximo do zero da grelha para os outros lados. E claro dar-lhe o evento "key press" (carregar na tela) "left" (esquerda).

A Acão que pretendemos, é que ao carregar na tecla seta para baixo ele se vire para mim e desça na sala. Na guia "main1" arrastamos o comendo "Change_sprite" (símbolo de sprite), e colocamos em "sprite" o "spr_heroi_esquerda", ou seja, trocamos o "sprite", sempre que a tecla seja clicada.

A subimagem, fica 0, e agora sim, vamos definir a nossa velocidade da imagem. E vamos reduzir para metade. Em speed, vamos colocar o valor 0.5 (zero ponto cinco).

Com esta informação, estamos a dizer ao GM, que ao avanço pretendido por cada imagem é de maio quadro, ou seja, num segundo passamos a ter 15 quadros por segundo.

Vamos ver se esta a funcionar. O boneco já se desloca para a esquerda. Apareceu virado para nós, clicamos para a esquerda, e ele já esta a andar mais devagar, embora não saindo ainda do sitio.

Temos um problema, que quando clicamos numa direção, o boneco apesar de estar parado, ele continua a caminhar, para resolver isso vamos adicionar um evento novo. "Key release" opção "left" e a ação a mesma anterior "Change Sprite" mas com a velocidade 0.

Quando o evento é "'"key press", ele executa a ação teclada, pressionamos a tecla (pressão na letra). Quando o evento é "Key Relaese" (deixar a letra), ele executa no momento em que deixamos de pressionar a tecla.

Escolhemos a velocidade 0, para que a animação pare, logo que deixemos de pressionar a tecla. Podíamos querer que ele andasse mais depressa ou mais devagar, e aí alterávamos a velocidade. Neste caso, o objetivo é mesmo que ele fique parado.

Vamos ver se já está tudo bem, e vamos testar.

Se pressionamos o botão ele caminha, se retiramos o dedo, ele para.

Repetimos para os outros *sprites* de herói e vamos testar novamente.

Se quisermos mudar o nome (renomear um *sprite*) podemos fazer, que o GM, altera as ações, etc. com o mesmo nome, não necessitamos de refazer as instruções, logo podemos mudar para inglês se quisermos sem problema.

Surgiu outro problema, o nosso herói começou a andar muito rápido de início, então vamos dizer que ele deve estar parado no início. Para isso vamos criar um evento "crate" e a ação "Change Sprite", "spr_heroi_baixo" velocidade 0 (zero). Ou seja, ele vai aparecer virado para nós e na posição parado.

Na próxima Lição vamos ensinar o herói a caminhar pela sala, e vamos colocar as paredes para ele se movimentar pelo jogo.

Lição 2: Movimentação e Tiles

Na lição anterior, nós vimos como se colocava um objeto animado, e colocamos o nosso herói na sala de jogo, contudo ele movimenta-se no mesmo lugar, temos que o por a passear na tela.

Para isso, vamos abrir o nosso objeto "herói",

Adicionemos o evento "keyboard" tecla esquerda e vamos à ação "jump to" já nossa conhecida.

O "keyboard" executa o evento enquanto está a ser usada a ação, isto é, enquanto estiver a pressionar a tecla, ele vai respondendo ao comando sem parar, quando largar a tecla ele para.

No "Jump to", vamos querer que ele se movimente no sentido contrário ao eixo dos X, logo (-5), se mantenha no eixo dos Y (0) e se desloque, tendo em atenção a posição anterior do objeto. Para isso selecionamos o "relative".

Vamos verificar.

Agora fazemos o mesmo para as outras posições, tendo em atenção o eixo cartesiano.

Cima (0) e (-5)

Direita (5) e (0)

Baixo (0) e (5)

Vos experimentar.

Cá está o nosso herói a caminhar e se pressionarmos em [esquerda + cima], por exemplo, vamos ver a andar na diagonal.

Porque faço questão de mandar verificar, pode acontecer por exemplo, esquecer de clicar no "relative" e o herói salta, pura e simplesmente para a coordenada que lhe demos, por exemplo, se nós esquecermos, do "relative" para a seta direita, ele simplesmente vai para a posição 5,0, por isso, e à medida que vamos avançando, convém verificar sempre. E de preferência, termos sempre uma sala de teste.

O nosso jogo está feio, não tem nada e está sem interesse, vamos colocar umas paredes para ele ir contra as mesmas pelo menos.

Vamos criar um novo "obj_parede" e vamos adicionar um sprite especial. Ele não existe ainda e nós vamos criar. Para isso clicamos em "edit Sprite" e não vai ser animado, vai ser um sprite para controlar a parede. Então vamos pressionar em "new", tamanho 32 x 32, e vamos dar uma cor, pode ser um azul-escuro.

Selecionamos o quadrado e pressionamos o lápis. Funciona na mesma como o "paint". Vamos ao bordo de tinta, escolhemos a cor azul-escura, e pintamos. Confirmamos na visto verde.

Lá está a nossa parede azul. Saímos do objeto, pressionando os OK.

Na nossa room vamos inserir a parede, de forma a fazer um quadrado fechado, deixando por exemplo dois quadrados de vago em todo o lado.

Tá feio? É para ficar feio mesmo, mas só por agora, brevemente vem a explicação do porquê.

Retomamos ao "obj_parede" e vamos marcar como sólido, e pressionamos OK.

No nosso herói, nós vamos dizer. Que ele não pode andar por cima das paredes, só pode andar, onde não houver nada, só no caminho. Adicionamos mais uma ação para cada movimento em "left" nós vamos adicionar a ação "Chek empty". Ao ver que está vazio vamos informar para que posição queremos ir, e colocamos o mesmo valor que em "Jump to". Ainda temos outra questão, em baixo pergunta-nos se é para objetos sólidos ou se para todos os objetos. Neste caso só para objetos sólidos.

Temos que ter em atenção que as ações, vão ser executadas sempre pela ordem que nós mandamos executar por isso temos que arrastar o nosso comando para a posição 1.

O herói, primeiro observa se está vazio e só depois se movimenta.

Se colocarmos ao contrário, ele primeiro choca e só depois é que deteta e como já está vazio a seguir, ele não para.

Um exercicio é ver se ele parará ou não se tivermos duas paredes.

Vamos fazer o mesmo para as outras 3 direções.

Testamos agora. O heroi para em todas as paredes. Avançou alguma?, verifique se tem o "relative" ligado, e se o comando "chek position" esta em primeiro (no número 1), antes do "Jump to".

Caso o relativo faltar numa das ações (por exemplo na tecla esquerda) ele vai ver se a posição 5,0 está vazia e como não tem nenhum sólido lá, ela atravessa a parede quando anda para a esquerda, mas querendo que ele regresse para a direita ele não entra.

Se aconteceu, aqui está uma prova de que é sempre bom testar, pois muitos pontos e virgulas vão faltar quando estivermos a tratar de programação mais à frente, noutros módulos. Se avançarmos, trona-se muito mais difícil de descobrir, por isso, devemos nos ir habituando a trabalhar em condições.

Chegou a hora de aprendermos a trabalhar com os "Tiles set" (ver Glossário).

Os "Tiles", criam-se em "Backgrounds", e criamos o nosso com o nome "back_parede". Vamos baixar o ficheiro "Backgrounds/Tilesets/wal.png". No quadrado, vai aparecer, diversos desenhos que vão formar a nossa parede, mas está só num desenho, vamos ter que o dividir.

Pressionamos "use a Tiles set, e vamos alterar as configurações do desenho, indicando que o tamanho é 32 x 32.

Observamos que o desenho está dividido com uma grela, e cada grelha tem um desenho que vamos utilizar.

Prima Ok e Abra a room teste

Pressionamos a guia "tiles", e vão ver que ao clicar no desenho, podemos selecionar um objeto mais pequeno que o mesmo. Cada um desses objetos, tem o desenho correspondente à parte que nós queremos para a parede, cruzamentos, cantos, paredes horizontais, etc.

Vamos colocar agora na nossa room teste. Fazendo um quadrado. Para ser mais fácil, podemos esconder as guias, e apagar a nossa parede azul. Para apagar a parede azul, o mais fácil é clicar em [shft] e arrastar o rato por cima das paredes. Estes comandos e explicações encontram-se do lado esquerdo da nossa janela de trabalho.

Agora sim vamos fazer a nossa parede com os cantos (segunda linha) e com as paredes horizontal e vertical.

Na primeira linha estão os fechos da parede.
Na segunda os cantos.
Na terceira estão os cruzamentos e nos últimos as paredes vertical e horizontal.

Tenha em atenção que todas as peças têm o seu tipo de encaixe, o desenho deve ficar bem estruturado, senão, sepois do jogo estar concluído fica feio, tente desde já primorar pela qualidade do seu trabalho, para que ele fique bonito e apresentável.

Este é o trabalho final que eu pedi para fazer.

Como estão a ver, aquelas linhas mais escuras do nosso desenho elas fecham entre si, no vosso aparece a castanho mais escuro, se trocar as posições, vai ver que fica muito feio.

Na nossa guia objetos, selecionamos a parede azul "obj_parede" e desenhamos por cima das nossas paredes castanhas e bonitas.

Quando estiverem todas cobertas, vamos ver o resultado, colocando o jogo a correr.

Fica feio, certo? O azul não deixa ver as nossas paredes, então vamos corrigir isso.

Vamos selecionar o nosso objeto parede e desseleccionamos "visible", assim a nossa parede azul fica escondida quando o jogo correr.

Verificamos, e vêm que a nossa parede azul desapareceu.

Uma dica para trabalhar melhor esta fase.

No "sprite_parede", vamos voltar a editar, para diminuir o valor da opacidade, coloque por exemplo a 25. Apagamos a nossa imagem e voltamos a colorir com opacidade 25, assim nós podemos controlar bem na nossa sala, se estamos a colocar a parede azul por cima da nossa parede castanha. Assim nota-se as duas paredes, a azul e por baixo a castanha. Se colocarmos a azul nalgum lugar onde não esteja a castanha, nós vamos ver de imediato e corrigimos a situação.

Voltamos à nossa Room, e vamos abrir duas portas. Apagamos 4 espaços nos castanhos e dois espaços no azul em duas paredes. Na

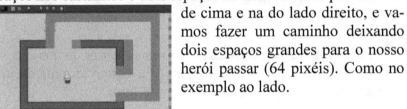

de cima e na do lado direito, e vamos fazer um caminho deixando dois espaços grandes para o nosso herói passar (64 pixéis). Como no exemplo ao lado.

Preenchemos agora com as nossas paredes castanhas, como vêm, podemos ver onde temos as paredes castanhas e onde temos só as azuis. As paredes castanhas apagam-se em "tiles" e as azuis em "Objects".

Vamos fazer correr o jogo e aparece algo assim, sem as nossas paredes azuis. Passeie o seu herói pelo jogo à sua vontade, qual a sensação? Ótima? O seu primeiro boneco animado a passear por um jogo. Mas ainda não está terminado. Ainda temos mais trabalho a fazer.

Aumentamos agora a nossa sala para 1200x800 por exemplo e vamos criar um labirinto para o nosso boneco passear.

Teste bem se ele passa em todo o lado, passeie com ele, antes de passar à Lição seguinte.

Tome bem atenção se todos os tiles estão perfeitamente encaixados para que o jogo não fique feio de seguida.

Lembre-se que o labirinto tem que ter um ponto de começo e outro de fim, isto é, tem que haver ligação entre as diferentes salas e corredores.

Lição 3: Inimigos e Camaras

Na lição anterior, nós criamos um labirinto, tendo utilizado uma parede e uns *tiles* por baixo da mesma.

Colocar o herói a passear, já tem alguma graça, mas se nós colocarmos um inimigo para ele, as coisas vão ficais mais interessantes, então vamos começar pelo primeiro. Um esqueleto zangado a passear dum lado para o outro.

Muito simples. Vamos criar um Objeto, "obj_esqueleto", "new Srite", "edit Sprite".

O Esqueleto só tem uma única direção, mas é composto por mais imagens, senão adicionávamos com o "load Sprite".

"File", "Create from strip" e vamos escolher o nosso esqueleto, ficheiro "Maze – Platform/skeleton_walking_strip10",
Contamos as imagens, que são 10, e dizemos que são 10 imagens por linha. Tamanho 32x32 e Ok, está pronto.

Se tiverem o previu ligado, vão ver o esqueleto a caminhar sozinho. Confirmamos tudo e vamos continuar.

Abrimos a nossa "Room" e vamos colocar o esqueleto num local à nossa escolha, contudo devemos ter cuidado, ou atenção ao seguinte:

O nosso esqueleto, vai andar para baixo e para cima (neste caso) e como vão ver, para isso acontecer, vai ser necessário introduzir um obstáculo "especial", assim sendo, necessita de ter um espaço livre na parte de cima do local onde vamos colocar o nosso esqueleto, ou em baixo. Por isso já no livro anterior, eu falava na preparação do jogo, antes de o começar a fazer, inclusive, ter já pensado o local onde vamos necessitar dos objetos e qual a sua função. Na figura abaixo, vai um exemplo de onde devemos colocar o esqueleto (neste

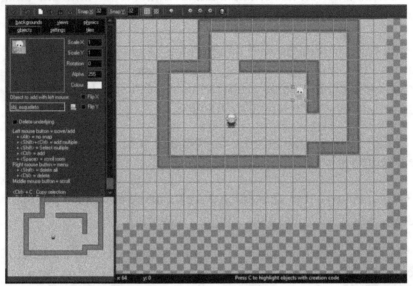

exemplo, também não havia muito mais locais para o adicionar).

Então vamos começar a criar o outro objeto, que é uma parede com transparência de 100, e vamos dar uma cor diferente, por exemplo cor-de-rosa claro. Ainda se lembram como é?

Criar objeto, novo sprite, editar sprite, novo sprite tamanho 32x32, damos a indicação da transparência e pintamos o quadrado.

Vamos dar o nome de "obj_esqueleto_inverte" e ao Sprit "spr_esqueleto_inverte". Devemos ter em atenção, que o nome dos objetos e dos sprites, devem estar sempre relacionados com o que pretendemos fazer, para não correr o risco de não sabermos que objeto queremos, e termos que andar à procura. Estando devidamente identificados, torna-se muito mais fácil. A verdadeira vantagem disso, vão encontrar, quando no Módulo 4 começarmos a falar em programação, ou se quiserem partir para mais níveis e acrescentar mais objetos para embelezar, dar mais jogabilidade e mais emoção ao jogo.

Com o nosso objeto esqueleto inverte aberto vamos desseleccionar o "visible", pois ele vai ser invisível quando o jogo estiver a correr.

Na room, vamos colocar no quadrado imediatamente acima do esqueleto, e no canto inferior direito, isto é na mesma coluna do esqueleto mas em baixo conforme a imagem.

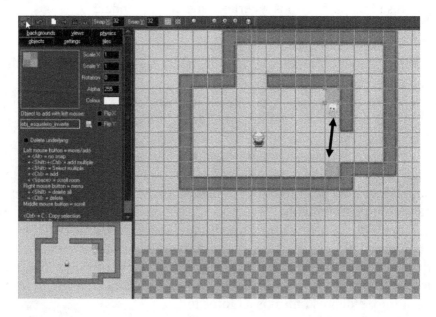

O que nós queremos, é que o esqueleto ande a "passear" na vertical, de cima para baixo e no sentido inverso, para isso temos que lhe dizer o que queremos que ele faça.

Vamos abrir o "obj_esqueleto" adicionamos o evento "Crate" e a ação "speed vertical" (seta de cima para baixo, mais fina na parte de cima e com a seta grossa desenho branco), na caixa que nos aparece vamos dizer que queremos a velocidade vertical "6". OK

Adicionamos um novo evento de colisão com o objeto "esqueleto Inverte" e a ação "reverse vertical" (uma seta curva verde na vertical) premimos na opção OK. E gravamos o objeto.

Chegou a hora de verificarmos se o nosso esqueleto anda ou não entre os nossos objetos ocultos.

Está rápido? Diminua agora para a velocidade 3. Não vou dizer como se faz, para termos a certeza que compreendeu.

Vamos testar agora? Já está em condições, mas contudo o nosso herói passa pelo esqueleto e não lhe acontece nada, inimigos assim não interessam no nosso jogo.

Mas antes disso, vamos aprender a trabalhar com camaras. O que é isso? Num jogo como estamos a criar, o "labirinto" é muito maior, caso contrário, os jogos seriam muito pequenos e repetitivos. Cada nível tem uma extensão grande que está escondida dos nossos olhos (monitor) quando o jogo está a decorrer. Vamos imaginar, um passeio numa montanha. Nós podemos apreciar a vista ao sosso redor, contudo, quando vamos fotografar a mesma, só uma parte dessa vista é que fica na nossa fotografia, o restante não aparece. Uma forma de fotografarmos toda a paisagem, é tirar várias fotos (de preferência com um tripé), e ir rodando a máquina à medida que tiramos cada foto, e depois unirmos as fotos todas.

Depois de juntarmos todas as fotos, temos o "fundo da nossa room", que podemos ver a fotografia completa, mas que perdíamos muito pormenor, ou fazemos um *"zoom"* e vamos arrastando a imagem para um dos lados, e assim apreciamos melhor a dita paisagem.

No exemplo das imagens que apresento a seguir, podemos ver imagens retirada do "Google maps", onde dividi esta parte da cidade em 4 fotos, para poder ver melhor. Se as juntasse, fazia um quadro enorme difícil para visionar no monitor, tenho 2 opões, ou as junto, e faço "zoom" para ver melhor, ou as vejo em separado. Como optei para as juntar, tenho que fazer um zoom para ver cada parte da imagem melhor. É essa parte mais pequena que nós vemos que se chama de imagem da câmara no nosso jogo.

Se ainda não entenderam, no jogo irão entender melhor, aqui vamos retomar a nossa lição.

Na nossa room, vamos a "settings" e vamos colocar como tamanho do nosso fundo 1200 x 800 pixéis. Este tamanho dava para o nosso monitor de PC, mas nós queremos que o jogo se desenrole numa janela mais pequena para não complicar tanto e não nos distrairmos a jogar. Então vamos alterar o zoom, para vermos o fundo todo.

E vamos desenhar o nosso labirinto mais completo, como o exemplo que estou a apresentar, podem e devem fazer um ao vosso gosto.

Neste exemplo, já aparecem mais objetos, que nos vão ser úteis na próxima lição, servindo esta imagem como referência e que vai aparecer algumas vezes.

Não estranhem então os objetos e vamos continuar.

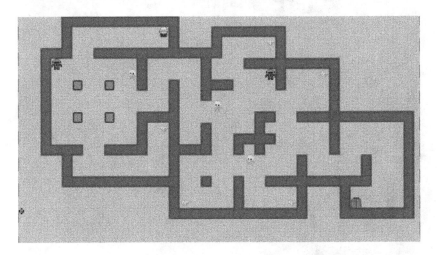

Se colocarem o jogo a correr, vão ver que aparece esta janela inteira, e os nossos objetos pequenos, nós vamos querer mais pormenor, e que parte do nosso labirinto fique escondido para que os jogadores não o conheçam.

Vamos à nossa "*room*" opção "views" (vistas). Vamos habilitar o "Enable the use of views" para que o GM não apresente a janela total, mas sim com o tamanho que nós vamos escolher, ou seja, 480 x 320, temos que habilitar também o "Visible wen room starts", para que quando comece ele tenha sempre este tamanho sempre que este nível for carregado. Deixando o X e o Y a zero, ele começa a partir do ponto zero a nossa janela ou seja do (0X, 0Y) pois poderíamos querer que ele começasse do meio, ou de outro ponto que achásse-mos mais oportuno para o nosso jogo.

Se desseleccionarmos a grelha, podem ver uma borda com linha dupla, que representa o tamanho da vista do jogo.

Em "W" (largura) vamos alterar para 480 e em "H" (altura) para 320. A nossa "janela da vista" foi alterada.
Em "port Screen" vamos manter os valores iniciais. Que são um pouco maiores. Isto quer dizer que a nossa janela no monitor, tem o tamanho de 640 x 480 pixéis, e queremos que o GM amplie a janela do jogo para esse tamanho. Podem por a correr o jogo, dando valores iguais, ou outros valores para verem as diferenças.

Ainda temos algo muito importante para fazer. Se nós colocás-semos agora o jogo a correr e andássemos a passear o nosso herói, íamos ver que ele desaparecia do nosso ecrã, e perdíamos o controlo do jogo. A personagem principal do nosso jogo é o nosso herói, é ele que nós queremos ver por onde anda e o que está a fazer, logo vamos dizer ao GM que é isso que queremos.
Na opção "object following" (seguir objeto) vamos dizer que o objeto a seguir é o "herói" (escolhemos o objeto herói), agora vamos colocar o jogo a correr.

Aparece-nos dois problemas. A imagem aparece muito esticada, para esta resolução de imagem fica feio porque tem pouco pormenor de imagem, então vamos colocar o mesmo valor nos dois, e altera-mos o "port screen" para os valores do jogo ou seja 480x320.
O outro problema e que torna também a vista feia e mal orien-tada no jogo, é que o nosso herói chega às pontas da janela do jogo, e parece que as arrasta, não se encontra no centro como devia acon-tecer sendo ele o personagem principal, vamos mandar o nosso herói, ficar sempre junto ao centro da nossa imagem, não necessariamente mesmo no centro senão limita muito a nossa visão, mas duma forma

mais centralizada e com espaço para se movimentar, e podermos ver algo mais do nosso "mapa", senão não sabemos onde se encontram as aberturas para as salas circundantes.

Em "object following", vamos dar o valor de 100 para "hbor" e "Vbor". Se formos ver ao tutorial do GM, vemos esta imagem que nos explica o "Vbor" e o "Hbor".

Nesta figura, o nosso pintainho, pode se deslocar dentro daquele retângulo interno, que a imagem não se mexe, ao deslocarmos para cima, vamos sempre garantir que vemos 40 pixéis acima do nosso pintainho (no caso do nosso herói 100 pixéis), se deslocarmos para a esquerda, garantimos também neste caso que vemos 40 pixéis à frente do nosso pintainho.

Vamos correr o nosso jogo, e vemos que agora já podemos ver onde estão as saídas porque a imagem acompanha o nosso herói, dando um espaço suficiente para escolhermos o caminho a seguir.

No "Hsp" e "Vsp", temos a velocidade com que a camara segue o nosso herói. Se o fundo tivesse mais pormenores iriam ver a diferença das velocidades, mas mesmo assim podem alterar o valor para 50 por exemplo e colocar o nosso herói ma ponta direita, e vão ver a diferença, pois ao começar o jogo, o GM vai começar onde mandamos e logo vai procurar o nosso herói.

Alterem os valores que quiserem, alterem o labirinto, trabalhem sobre o que nós já falamos antes de avançarem para a próxima lição. Mudem a janela, sei lá, tentem alterar a caveira de vertical para horizontal, etc. trabalhem bem nisto antes de saltar de lição, para que tudo fique bem assimilado para depois não criar confusão.

Na próxima lição já vamos falar em pontuações, outro tipo de inimigo e também outra forma de passar de nível.

Quem leu o módulo 1, já aprendeu a passar de nível quando não tem mais objetos, agora vamos aprender algo mais dinâmico, mas atenção, treinem antes de avançar as lições e não se esqueçam de gravar antes de experimentarem algo de novo.

Lição 4: Alarmes

Espero que tenham treinado bem os conceitos anteriores antes de avançar para a lição número 4.

Nós temos muito tipo de alarmes na nossa vida. Quando programamos o despertador para tocar de manhã (alarme de horas ou de tempo), temos os alarmes das casas quando um intruso (ladrão) quer entrar em nossa casa, o alarme do carro quando alguém se encosta ao mesmo para retirar um parafuso para roubar os farolins ou pneus, alarmes de gás, de incêndio, etc.

No GM, também funcionam os alarmes para muita coisa. O alarme que vamos falar agora, é o alarme de tempo, onde o nosso inimigo vai lançar fogo sobre o nosso herói.

Vamos criar um novo objeto e vamos chamar o mesmo de estátua. Criar objeto "obj_estatua", "new Sprite", "spr_estatua", "Edit sprite" pois vai ser animado, "file" e agora, vamos aprender como fazer quando as imagens estão separadas, para isso vamos escolher o "add from file", "maze_platform" e vamos escolher "statue1" e "statue1_angry", se primir a tecla "shift" pode selecionar as duas ao mesmo tempo, ou escolher uma de cada vez, conforme desejar. Se tiver o "Show Preview" ligado, vão ver a nossa estátua a piscar os olhos. Podem experimentar colocar duas imagens com os olhos abertos ou duas com os olhos fechados para verem a diferença. Neste caso vamos ficar com uma de cada. Gravamos o objeto.

Vamos colocar a nossa estátua na nossa *"Room"*, ou mais se quiserem colocar onde eu coloquei. Nesta fase, aconselho a colocar no mesmo sítio, depois podem alterar a gosto, e já vão ver porquê.

A nossa estátua, vai "cuspir fogo", num determinado tempo, e vai lançar o mesmo em 3 direções. Para isso temos que criar um novo objeto, o "obj_fogo", cujo "srite" já se encontra numa imagem com várias subimagens e é o ficheiro "Fire_glow_strip5", e tem 5 subimagens, com 5 subimagens por linha. Podem ver o fogo. Gravemos agora o "obj_fogo".

No objeto Fogo, vamos criar um evento "create", e vamos dar a ação "Move Fixed" (tipo estrela com setas verdes a sair do meio para fora), em velocidade damos o valor 2, e clicamos nas três setas para baixo.

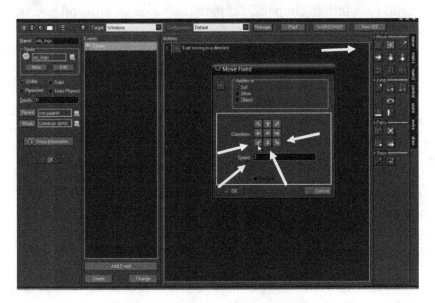

Ou seja, o fogo irá ser direcionado nas três direções de baixo quando for acionado. **<u>Há algo de muito importante que não podemos esquecer</u>**, adicionar evento "Outside Room" com a ação "Destroy Instance", para que serve? E porque é tão importante? Como dissemos no livro anterior, se não destruirmos o fogo (noutras situações balas, bolas, etc) ao saírem da room, os objetos não são destruídos e andarão a passear pelo PC sem qualquer tipo de controlo e a gastar memória.

O que vai acionar o fogo, vai ser a nossa estátua. Por isso vamos gravar novamente o nosso objeto fogo e abrimos o objeto estátua.

Na estátua adicionamos o evento "Alarm", "Alarm0". A ação vai ser "Change Sprite", com as opções "spr_estatua" subimagem 0, ou seja estamos a dizer que quando o alarme for acionado a imagem inicial é a primeira (de olhos fechados), na velocidade vamos colocar 0.25.

Agora vamos adicionar mais um alarme "Alarm1", desta vez com a velocidade 0, pois vamos querer parar a animação.

De seguida, ainda no "Alarm1" vamos criar o nosso fogo arrastando a lâmpada amarela "Create Instance" no Objeto colocamos o fogo, e nos valores de X e de Y vamos deixar 0,0 e selecionamos a opção "relative".

Se quiséssemos, podíamos alterar os valores de X e de Y para o centro da imagem, ou para outro local que poderia ser importante, por exemplo numa imagem grande, poderíamos querer que o fogo saísse da boca. Ajustávamos as coordenadas para tal acontecer. No nosso caso se quiséssemos que o fogo saísse no meio da imagem fazíamos as contas 32/2= 16, então colocaríamos 16,16 em X e no Y, e ele saia do ponto indicado, neste caso no meio. Não podemos esquecer de dizer que as posições são relativas ao objeto, senão o fago sairia sempre do ponto 0,0 da nossa tela.

Falta-nos ainda ativar o alarme. O que nós fizemos até aqui, foi escolher o som do alarme do nosso telemóvel, e como queremos que apareça. Falta agora dizer quando deve despertar, horas e dias.

Para isso vamos criar um novo evento "Create", no "main2" arrastamos e "set alarm", no número de steps, ou seja, o tempo que demora a disparar, vamos colocar 30 steps que corresponde a 1 segundo, e escolhemos o alarme0. Ou seja passado 1 segundo ele ativa o alarme 0, isto é a

nossa estátua envia fogo a cada segundo.

Agora temos que ir ao evento alarme0 e ativar para o alarme 1, ou seja, vamos acrescentar um "set alarm" desta vez para o "alarm1" e vamos dar o valor de 15 (meio segundo).

Necessitamos de mandar ativar o alarme 0 outra vez, ou seja vamos a "alarm1" e dizemos para ele ativar o "alarm0" 30 steps depois.

Assim, quando a estátua acabar de lançar o primeiro fogo,

prepara-se para continuar, pois volta ao ponto zero. Ao colocar o jogo a correr, vão compreender melhor esta ação.

É o que vamos fazer de seguida. Como podem ver, a nossa estátua, já lança fogo nas três direções que escolhemos, mas não acontece ainda nada quando tocam no nosso herói.

Prestem atenção, porque o fogo, deverá estar a passar por baixo de alguns objetos e por cima de outros, então para resolvermos isso, vamos ao nosso objeto fogo e na instrução *"Depth"* vamos dar o valor " -1". A instrução Deph, indica-nos a profundidade dos objetos. Quanto maior o valor dado, mais fundo se encontra o objeto. Como nós queremos que o fogo apareça por cima de todos os outros objetos, vamos colocar -1.

Vamos ver o nosso plano cartesiano do jogo.

 Como podem ver no GM, o plano é inverso ao que nós aprendemos na escola, tal como o eixo dos xx e dos yy, o eixo dos yy também se encontra no sentido contrário, sendo os valores negativos a parte de cima do jogo. Quando estivermos a falar da programação, num dos futuros volumes, vão verificar que tem lógica este tipo de padrão e que facilita muitas vezes a colocação dos objetos. Um dos exemplos é que não começamos a colocar os objetos de baixo para cima, mas sim de cima para baixo da nossa room.

Agora o fogo, já aparece por cima de todos os objetos. Se quisermos que passe por baixo das paredes, ou do nosso esqueleto, é só uma questão de acertar o valor nos objetos.

No livro anterior, já fiz referência ao sistema de vida, por isso não vamos falar nisso neste livro. Vamos só trabalhar com o nosso esqueleto, pois caso o nosso herói toque nele, o jogo acaba. Se acrescentar mais níveis, pode depois mandar reiniciar o jogo nesse nível, para níveis mais atrasados ou terminar o jogo.

Vamos criar uma room "game_over" e no nosso herói vamos adicionar o evento "colision" com o fogo e com a estátua (dois eventos) e vamos mandar para o menu "Game_over" que nós criamos.

Se quiserem por exemplo, que o fogo retire vida, em vez de acabar o jogo, já sabem como se faz, na última lição do livro anterior, Manual I. Experimentem depois fazer colisão do herói com o fogo e vejam o resultado da vida. E depois façam a colisão do fogo com o herói e vejam a diferença. O resultado não vai ser o mesmo. Não explico por que não é o mesmo, pois deve ser bem compreendido, e se pensar um pouco, vai ver porque, e não vai esquecer, se eu disser, irá decorar e depois em jogos mais complicado não deteta o porque do erro.

Depois de verificado o sistema de pontuação que nós queremos, vamos ao objetivo do jogo. Até aqui só temos objetos para morrer e/ou perder vida. Falta-nos então acrescentar algo.

Neste jogo, o nosso herói vai ter que apanhar 3 cristais, para poder passar de nível, para isso vamos criar os nossos diamantes com o nome "obj_cristal" e o *sprite* vai ser animado, e o ficheiro vai ser "diamond_sparkle_strip32", e são 32 subimagnes que o nosso cristal vai ter, então vamos dar os valor "32, 32, 32, 32, ...", e podemos ver o nosso cristal a brilhar, chamando bem a atenção do jogador.

Vamos colocar os nossos critais, espalhados no labirinto. Alteramos o nome da nossa *room* para "Nivel_1", e vamos criar uma outra *room,* com o nome "Room_teste".

Nessa "room_teste" vamos colocar somente o nosso herói, e os três cristais.

Criamos agora outro objeto, que vai ser uma porta para passar de nível, assim que apanharmos os nossos cristais. Vai ser uma porta especial, porquê.

Se nós tivermos apanhado só um ou dois objetos, a porta vai estar fechada, ela só abre se nós apanharmos os três, logo vamos ter que criar duas portas diferentes. Uma com cadeado e outra aberta.

Comecemos com a porta fechada, "create objetct", "obj_Porta_inativa", "new Sprite", e como é um objeto sem animação "load sprite", e escolhemos o ficheiro "lock_gold".

A porta aberta, repete-se a operação mas com o ficheiro "doors", e vamos dar o nome de "obj_porta_ativa".

Na porta ativa, vamos criar o evento "colision" com o "obj_heroi", e a ação "next room" na guia "main1" em "rooms".

Assim quando o nosso herói chegar a porta ele passa para o nível seguinte, ou o jogo acaba. Se quiser que ele volte depois ao primeiro nível mas com a mesma pontuação. Poderá por exemplo criar outro objeto para enviar para o nível_1 ou (recomeçar o jogo), mais simples nesta fase.

Vamos criar um evento na porta inativa, onde o GM vai verificar sempre se a condição é verdadeira, por isso vamos ao evento "step" e a ação que está em "control" nós vamos escolher a ação "texto instante count", pois ele vai verificar o numero de objetos de determinado tipo que estão presentes na nossa *room*, o objeto que queremos são os nossos cristais, que quando forem igual a 0, ele faça qualquer coisa.

Adicionamos então outra ação, "change instance" que se encontra no "main_1", e vamos indicar que vai mudar para "obj_porta_ativa", ou seja, estamos a dizer ao GM que, quando não existirem mais cristais, o tipo de porta vai ser trocada, e assim o nosso herói passa de nível.

Vamos colocar o objeto porta inativa, na room "nível_1" e na nossa "room_teste".

Porque a room teste? Nós vamos arrastar a nossa "room_teste para cima, para ser executado em primeiro lugar. Se não tivéssemos a "room_teste", teríamos que passar todos os obstáculos, morrer algumas vezes, etc, para podermos testar o comando das portas. Assim torna-se muito mais simples, porque se funcionar na primeira room, automaticamente funciona no jogo. Vamos então da seguinte forma:

1. Teste a porta, o herói deverá passar por cima dela sem haver ação.
2. Passe por cima dum cristal, ele deveria desaparecer.

Então o que falta, tratarmos da colisão com o nosso herói, vamos ao objeto cristal adicionamos o evento "colision" com o "obj_heroi" e a ação "destroy instance" e voltamos a testar na mesma ordem:

1. Teste a porta, o herói deverá passar por cima dela sem haver ação.
2. Passe por cima dum cristal, ele deveria desaparecer.
3. Volte a testar a porta.
4. Teste cristal
5. Porta
6. Cristal
7. Acabaram os cristais, e a porta alterou. Passe por cima da porta e será conduzido para o nível 1
8. Testa agora no nível 1, passando os passos todos

Muito mais complicado, mais demorado etc. Viram a importância do menu teste?

Acrescentem diamantes, podem acrescentar objetos, dar pontuações, etc. Não se esqueçam que só podemos ter na versão gratuita 15 objetos e nós vamos necessitar de um para a próxima lição.

Lição 5: Sons e efeitos visuais

Vamos agora, adicionar alguns sons e efeitos e feitos visuais no jogo.

Vamos escolher 6 sons, 1 música de fundo e 5 sons, para isso temos que carregar a música e os sons.

Da sua biblioteca pessoal escolha uma música à sua para tocar durante o jogo. Vamos ao menu do jogo e clicamos nos desenho duma coluna, (circunferências circunscritas), e escolhemos a musica que queremos.

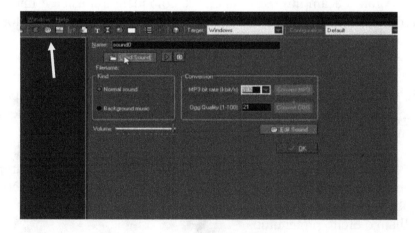

Junto ao "load sound" tem uma tecla de "play", onde podemos ouvir a música a musica escolhida. Escolhemos depois um som para quando o herói chocar com o fogo, apanhar os cristais, chocar com o esqueleto, chocar com umas moedas para dar pontuação e quando muda de porta.

Vamos ao objeto cristal, em "sounds" e escolhemos o som que vamos ouvir aquando da colisão. Temos que arrastar a ação para cima da destruição para o GM aceitar o comando. O "loop" deixamos em false, senão ele continua a repetir até nova instrução, pode dar jeito noutra ocasião, por exemplo a música do jogo, mas para já não.

No objeto herói, vamos colocar quando ele morrer, etc. Tente fazer por si.

No "obj_porta_ativa", vamos adicionar o evento "creat" e vamos adicionar o som que escolhemos para alternar as portas.

Não esquecer que o som deve estar sempre em primeiro na ação colisão.

Depois de testar, vão ver que o som de passagem de nível, ou melhor, que os cristais foram todos apanhados, se sobrepõe ao som de troca de portas, para resolver isso, vamos adicionar à porta inativa o evento "Room Start" e adicionamos o respetivo som.

Agora Façam um menu inicial, e coloquem a música a iniciar, com objetos ou letras para iniciar. E coloquem a música a tocar logo de início. Fácil certo?

Podem colocar uma opção para verem no ecrã do computador em janela pequena, no menu iniciar podem adicionar essa opção para imprimindo a tecla "enter" passar a alargar janela, evento de tecla "enter", a ação é "set full screem" que se encontra em "draw".

Os efeitos visuais, também são fáceis de fazer. Se acrescentaram moedas ou outro objeto de pontuação, na colisão do nosso herói com o objeto adicionem a acção "creat efect" que está em "Draw" e escolham o efeito pretendido.

Conclusão

Treinem, façam jogos tentem ganhar algum dinheirito para comprar uma das versões a seguir, para poderem fazer mais níveis.

Nos próximos módulos vamos aprender a atirar setas, tiros, a fazer o jogo tipo pac-man, jogo de naves etc.

Estejam atentos, que brevemente haverá mais noticias.

Vamos também começar com alguma programação básica de GML para enriquecer os nossos jogos e podermos alargar horizontes.

Notas

Aqui adicionem as vossas notas pessoais:

Referencias

Tutorial do Game Maker

Next Level - https://www.youtube.com/user/CanalNexteLevel

Game Maker Brasil: http://gmbr.forumeiros.com/forum

Airton Fraga Porto – fragasoft.com

YoYo Games: http://www.yoyogames.com/studio/buy

Glossário

Ações: - No menuzinho do lado direito, vamos clicar em main1. Em baixo vai aparecer outro menu com rooms, e serve para indicar como me vou movimentar entre as telas do jogo. Vamos escolher o primeiro da linha de baixo (depois podem escolher os outros para verem a diferença, por agora vamos no centrar neste). Vai aparecer um quadro, onde indico que quero ir para a tela do Menu. (ver eventos, pois está interligado).

Creat a executable for tarrget: – Cria um ficheiro executável para poder jogar sem carregar o GM. Aparece diversas formas de execução, conforme seja gratuito ou com módulos instalados. Aparece a opção que se pretende, desde um ficheiro único, a ficheiros de instalação, quer para colocar na internet.

Creat: - Criar, pode ser objetos, sprites, sons, etc..

Eventos: – São determinadas coisas que ocorrem quando se executa algo dentro do jogo, logo vamos adicionar um evento. Que é "Left Mouse", ou seja, se eu clicar no botão do lado esquerdo do rato ele vai ter determinada Ação. Por exemplo "hoje vai chover" e a ação foi a chuva a cair e/ou o herói escorregou no piso molhado.

Instâncias: - São objetos que têm ação no jogo, bem como as que estão paradas. As instâncias são por isso todos os objetos que têm visibilidade e interferência no jogo, não fazem parte os sprites, pois são imagens úteis para a criação dos objetos.

Interface do Jogo:

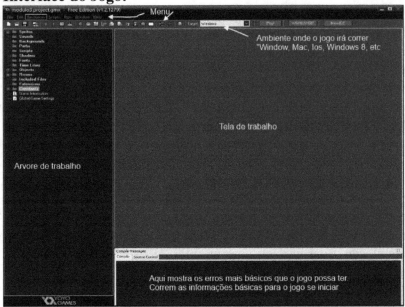

Make: - Criar algo

Objeto: - É tudo aquilo que vamos usar no nosso jogo e que pode interferir com pontuações, direções, sei lá, como por exemplo bolas, tacos, pessoas, muros para derrubar, etc.

Run The Game – Comando para executar o jogo, para verificar o projeto, como se fosse a versão final.

Run Game in Debug Mode – Comando para executar o jogo, mas com uma janela auxiliar, que nos dá informações úteis da forma como o jogo está a decorrer, mostra-nos o número de instâncias, velocidade, etc.

Room – Sala visível onde vai correr o nosso jogo, e onde é montado o nosso senário. Se imaginarmos um teatro, podemos dizer que a "room" é o nosso palco, onde colocamos os adereços "objetos decorativos" e os nossos atores "objetos de Acão".

Sala Teste – Devemos criar sempre uma sala teste, para sempre que adicionarmos uma ação, nós possamos testar antes de a introduzir na sala de jogo, pois em jogos mais complexos, nós podemos ter muitos objetos colocados e para testar o último, isto é uma ação no último momento de jogo, por exemplo, vamos ter que passar o nível praticamente todo para o testar. Se der erro, temos que voltar do início para testar novamente. Tendo uma sala de teste, já testamos a dita Acão com os objetos necessários e trona-se muito mais rápido, depois é só colocar no respetivo lugar e a ação está em pleno funcionamento.

Sprite – desenho que é necessário carregar para criar os objetos que aparecerão na nossa sala de jogo.

Sprite animado - É um conjunto de desenhos, que juntos, faz com que um objeto apareça como se tivesse vida, isto é, apareça se movimentando como abrir e fechar a boca, correr, etc.

Tiles – Azulejo, tijoleira, objetos que servem para embelezar as nossas casas, jardins e servem para embelezar o nosso jogo, tornando mais leve os objetos de decoração e mais atrativo para jogar, sem interferir no mesmo. Não passam de pequenos "backgrounds" que se aplicam nos diversos locais.

www.ingramcontent.com/pod-product-compliance
Lightning Source LLC
Chambersburg PA
CBHW061036050326
40689CB00012B/2852